Song of the Tulip Tree

by

Joe Salerno

translated into Italian by

Emanuel di Pasquale

Preface by

Felix Stefanile

BORDIGHERA

Library of Congress Cataloging-in-Publication Data

Salerno, Joe, 1947-1995.
    Song of the Tulip Tree/ by Joseph Salerno; translated into Italian
by Emanuel Di Pasquale; preface by Felix Stefanile.
        p.   cm. -- (Bordighera Poetry Prize ; 2)
    English and Italian parallel text.
    ISBN 1-884419-31-3 (cloth : alk. paper). -- ISBN 1-884419-30-5
(pbk. : alk. paper)
        I. Di Pasquale, Emanuel. II. Title. III. Series.
PS3569.A459384 S6616   1999
811'.54—dc21   99-046303

COVER ART: "Tulip Leaves" by Daniela Gioseffi

Printed in the United States.

Published by
BORDIGHERA PRESS
Purdue University
1359 Stanley Coulter Hall
West Lafayette, IN 47907-1359

BORDIGHERA POETRY PRIZE 2
ISBN 1-884419-30-5 (softcover)
ISBN 1-884419-31-3 (hardcover)

OTHER BOOKS BY JOSEPH SALERNO

Dream Paintings from the Heaven of Obscurity

Only Here

Dedicated to Beverly Salerno, beloved wife,
and David, Miriam and Daniel Salerno,
beloved children.

ACKNOWLEDGMENTS

The author's family owes many thanks to Sander Zulauf, Joe E. Weil, and Skylands Writers & Artists Association, as well as to the *many* "Friends of Joe Salerno" for the continuing publication of his work.

PREFACE

There is a shock of immediacy to the poetry that Joe Salerno delivers. I can show what I mean by presenting one of his small poems. "In the Dark," with its telling title, will serve:

> With his head
> On my shoulder, my newborn son
> Has fallen asleep. In the dark,
> I hold him there, resting
> My cheek on his forehead — a violinist
> Who has put down his bow
> And stands quietly overwhelmed
> By his own music.

With the possible exception of "violinist," there isn't a word in the poem that costs more than a nickel. The metaphor does not begin its work until the end of the fifth line — the poem is eight lines long — and then proceeds with the grace of an aphorism whose import is not fully registered until we get the final word, "music." The picture Salerno gives us is solidly earned, and without fanfare. One is left in the silence, pondering what has suddenly happened. The fancy term for this is epiphany, the "showing forth," the revelation. The reader becomes the guest of a glowing presence.

Like all good poets, Salerno shows us that the world is not the world. We all have our way of accepting reality, the familiar, as we see it and come to know it, but the poet of this book sees through and beyond the familiar to what is strange and extraordinary. The familiar is *strange*, even as in other poems, like "Snail," the strange is familiar. At the close of this fine and simply detailed piece he asks if the snail's "heartbeat" does not follow the echo of the vanished sea it came from. To him there is always a world beyond the world.

At times Salerno calls this reality "wilderness"; at other times he clearly courts unreality, as some poems openly state. In the conclusion to the title poem of the book, "Song of the Tulip Tree," Salerno feels the real behind the real. As a working stiff who accepted the common lot of job, family, and garden, Salerno becomes a connoisseur of the hidden life, that flourishes in dailiness:

> Where a gnat
> lights
>
> from a single blade
> and makes
>
> the whole sky
>
> home.   ("Prayer")

This is not eyesight but insight.

Salerno's *Song of the Tulip Tree* is a work of imagination bursting its bonds, and coming free. This freedom travels through a universe of computers, weeds, highway traffic, the brilliance of an industrial river, the Passaic, and the mystery of nature. Vision breaks through to the happy kingdom of wisdom. It would be remiss of me not to mention that the posthumous collections of this poet, who died too soon, have been made possible through the efforts of friends and admirers, poets and teachers. They are acknowledged at the front of the book. For their saving grace we must be thankful, because Joe Salerno has left us a treasure that is to be mined, and minded.

Felix Stefanile

TABLE OF CONTENTS

SONG OF THE TULIP TREE

by

Joe Salerno

translated into Italian by

Emanuel di Pasquale

WINNER OF THE BORDIGHERA POETRY PRIZE 1998

sponsored by

THE SONIA RAIZISS-GIOP CHARITABLE FOUNDATION

SONG OF THE TULIP TREE

I stand alone
in my great height.
I cherish nothing

more than my own roots.
The decay of the world
is my nourishment.

What happens below me
passes like the floss
from autumn milkweed;

And the stars
Are no more than the hum of gnats
tossing in the vault

of my summer shade.
Not death not grief
not the thunder of human history

sways the vast and wrinkled
stone of my trunk.
My joy is in the sun

and the rain and the passionate
art of the wind
stirring like a lover

the enormous green play
of my branches.
What dies beneath me

finds no pity,
but in time is taken up
and sent out briefly to dance:

LA CANZONE DELLA MAGNOLIA

Me ne sto sola,
nella mia grande altezza.
Nulla mi rallegra

di più delle mie radici.
La decomposizione del mondo
è il mio nutrimento.

Quello che succede sotto di me
scivola come lattice
di pianta autunnale.

E le stelle
non valgono più del ronzio delle zanzare
che si agitano sulla volta

della mia ombra estiva.
Nè la morte nè il dolore
nè il tuono della storia umana

fanno oscillare la vasta e corrugata
pietra del mio tronco.
La mia gioia è nel sole

e nella pioggia e nell'appassionata
arte del vento
che eccita come un amante

il vasto gioco verde
dei miei rami.
Quello che muore sotto di me

non trova pietà,
ma col tempo viene raccolto
e rimesso brevemente a danzare:

3

a nameless leaf in the wide
blue music of the weather.
And you, far below,

with your small face
looking up, I have no need
for homage.

Your human heart
is no more to me than a sparrow's
egg blown from its nest.

But if sometimes
out of loneliness or a desperate
urge to praise

you would seek me out,
then press your faint hand
reverently against

the ancient hide of my bark.
In a hundred years
your touch will travel through

each ring of my immense
armored heart, to tell me
you were here.

una foglia senza nome nella larga
musica blu del tempo.
E tu, giù di sotto,

con il tuo piccolo volto
che guarda in su, non ho bisogno
di omaggi.

Il tuo cuore umano
non è per me più grande di un uovo
di passero spinto fuori dal suo nido.

Ma se talvolta
per solitudine o per disperato
bisogno di una lode

vieni a cercarmi,
allora appoggia la tua debole mano
con riverenza contro

l'antica pelle della mia corteccia.
In cent'anni
il tuo tocco viaggerà attraverso

ogni anello del mio immenso
cuore corazzato, per dirmi
che eri qui.

MOOSE LOVE

Almost shyly
the large male moves
slowly towards her,
his love
a patient bawling
of desire. He waits
with his big eyes open and calm,
days sometimes, for her
leisurely acquiescence
to his need.

He shakes from time to time
the two immense wings of his antlers,
rattling dry brush
and scraping the bark of trees;
a tense serenade, as she
walks on ahead,
her inviting rump flagrantly
casual of his arousal.

Only then, after such
meek pursuit and love-wandering,
finally, in the high weeds
of autumn, will she let him mount;
his great shaggy patience
brimming over into awkward passion,
as each long pulse of seed
fills her quietly
and she wears above her
the vast triumphal
wavering of his crown.

AMOR D'ALCE

Quasi timidamente,
il grande maschio si muove
lentamente verso di lei,
il suo amore
un paziente acuto
di desiderio. Lui aspetta
con i suoi grandi occhi aperti, calmi,
a volte per giorni,
la rilassata acquiescenza di lei
al suo bisogno.

Scrolla di tanto in tanto
le due immense ali delle sue corna,
scuotendo la secca boscaglia
e raschiando la corteccia degli alberi;
un'ansiosa serenata, mentre lei
cammina davanti,
la sua groppa invitante scandalosamente
indifferente alla sua eccitazione.

Solo allora, dopo tale
mansueto inseguimento e vagabondaggio d'amore,
finalmente, fra le alte erbe
dell'autunno, lei si lascerà montare;
la sua grande irsuta pazienza
straboccante in maldestra passione,
mentre ogni lungo pulsare di seme
la riempie silenziosamente
e lei indossa sopra di sè
il vasto trionfale
tremolio della sua maschia corona.

SATURDAY

The whole day my wife and I
Fight over everything that happens;
Our black words dart like bats
Through every room in the house.
By evening, the loneliness of it all
Comes over me like a drug. When I pick
My daughter up for a hug, she wraps me
Tight in her arms and doesn't
Let go for a long time.

SABATO

Tutto il giorno mia moglie ed io
Litighiamo su tutto ciò che accade;
Le nostre parole nere sfrecciano come pipistrelli
Attraverso ogni stanza della casa.
A sera, la solitudine di tutto ciò
Mi assale come una droga. Quando sollevo
Mia figlia per un abbraccio, lei mi afferra
Stringendomi fra le sue braccia e non
Mi lascia andare, a lungo.

SNAIL

The sea
that left you here
is gone.

Poking
only the air now
with your soft

minuscule feelers,
you have learned to survive
on the thinnest

of mists —
on a leaf glazed
with morning

or the moist
sea of evening air.
Thick-footed,

patient these
hundred million years
or so,

you still hold
your last watery breath
inside the deepest

spiral of your
ear-shaped shell,
sipping, one molecule

at a time
your microscopic drink
from the trough

LUMACA

*Il mare
che ti lasciò qui
se n'è andato.*

*Punzecchiando
soltanto l'aria, ora,
con le tue tenere*

*minuscole antenne,
hai imparato a sopravvivere
sulle più sottili*

*delle nebbie —
su una foglia invetriata
di mattino*

*o nell'umido
mare dell'aria serale.
Con l'orma larga,*

*tu, paziente per questi
cento milioni d'anni
o giù di lì,*

*ancora trattieni
l'ultimo respiro acquoso
nella più profonda*

*spirale del tuo
guscio a forma d'orecchia,
sorseggiando, molecola*

*dopo molecola
la tua microscopica bevanda
dall'abbeveratoio*

of a clover leaf.
Yet with what gratefulness
you set out each dawn

past twig and pebble
headed for the great
wet rock in this meadow

or poised on a shining
grass blade
waiting and waiting

— yet never in a hurry —
for that sea
that abandoned you

to return. Ah
patient little brother,
at noon

when you sleep
in the last dampness left
under an old leaf

keeping your perishable
life safe
from that alien sun

is it the faint
echo of that vanished surf
your heartbeat follows?

di un lembo di trifoglio.
E ancora con quanta gratitudine
ogni mattina oltrepassi

ramoscelli e ciottoli
diretta verso la grande
roccia umida di questo prato

o in equilibrio su un lucente
filo d'erba
aspettando e aspettando

— ma sempre senza fretta —
il ritorno di quel mare
che ti abbandonò.

Ah,
piccolo paziente fratello,
a mezzogiorno

quando dormi
nell'ultima umidità rimasta
sotto una vecchia foglia

proteggendo la tua effimera
vita
da quel sole straniero

è il fievole
eco di quella schiuma svanita
che il battito del tuo cuore sta seguendo?

READING JAMES WRIGHT'S LAST BOOK

I sit down alone under a tree in the backyard
And read the last poems of James Wright.
Afraid for the book to end, I stop for a long time
Between each poem, and when I have finished
Two or three, I go back and read them again, aloud,
Letting the voice reveal whatever my eyes had missed
The first time — that harsh, compassionate voice,
Defeated beyond defeat, moving tenderly over
The broken landscapes of Italy and grim Ohio.
And what I feel is a public loss, part of nature;
Like the way we'll all feel when they tell us
The last Great Blue whale has sounded for the last time
And the whole sea is empty that day ...
 "Good-bye to the living place," he says at the end
Of the poem on page 18, "and all I ask it to do
Is to stay alive," And there, on the clean white space,
An ant climbs up the edge of the book
And enters the page.

LEGGENDO L'ULTIMO LIBRO DI JAMES WRIGHT

Mi siedo tutto solo sotto un albero del giardino
E leggo le ultime poesie di James Wright.
Non voglio che il libro finisca; mi fermo a lungo
Tra una poesia e l'altra, e quando ne ho finite
Due o tre, torno indietro a rileggerle, ad alta voce,
Lasciando che la voce sveli ciò che gli occhi non hanno visto
La prima volta — quella voce dura e piena di compassione,
Sconfitta oltre la sconfitta, muoversi con tenerezza sopra
I paesaggi spezzati dell'Italia e dell'arcigno Ohio.
E ciò che provo è una perdita per tutti, parte della natura;
Così come ci sentiremo tutti quando ci annunceranno
Che l'ultima Grande Balena Azzurra s'è immersa per l'ultima volta
E che il mare intero quel giorno sarà vuoto …
"Addio al luogo della vita" dice lui alla fine
Della poesia a pagina 18, "e tutto quello che gli chiedo di fare
è di rimanere vivo." E là, nello spazio bianco e pulito,
Una formica si arrampica sul bordo del libro
Ed entra nella pagina.

15

IN THE SILENCE AFTER FIGHTING

I sit in the kitchen
Drinking coffee.
At the door
You stand with your coat on,
Peering into your pocketbook
For the keys

Angry with the need
To apologize,
I make a wisecrack
To defend myself.

Then, triumphant,
You have found the keys.
Beyond words now
You strike back
With unstable laughter
And slam the door.

I punch
The saltines off the table.

NEL SILENZIO DOPO LA BATTAGLIA

Mi siedo in cucina
E bevo caffè.
Sulla porta,
Sei ferma, in piedi, con addosso il cappotto,
Frugando nella tua borsa
Alla ricerca delle chiavi.

Arrabbiato per il mio bisogno
Di chiedere perdono,
Faccio una battuta
Per difendermi.

In quel momento, trionfante,
Hai trovato le chiavi.
Al di là delle parole adesso
Fai una rappresaglia
Con un'instabile risata
E sbatti la porta.

Io tiro un pugno:
I salatini cascano dal tavolo.

LATE NOVEMBER AFTERNOON,
FALLING ASLEEP IN A CHAIR
WITH A HANDFUL OF BASIL SEEDS
IN MY SHIRT POCKET

All day leaf mulch
Stained the air like rotting apples.
Slouched in my reading chair
Near the window, still wearing my hat,
I fall asleep and breathe in slowly
The pungent, windy fragrance of basil seeds
I stripped from the dead stalks
In the garden.

And outside, a sturdy wind
Blows late sunlight across the twiggy fields —
Rusted stems of chicory
And wild parsnip, amber filaments
Of goldenrod and queen ann's lace,
Fragile pepper grass and spiny winter cress —
The dense complexity
Of summer reduced to a simplicity
Of brown weeds.

Now the short days please
The spirit with a generous solitude,
And everything is a plainness
That satisfies — textures of bark and rock,
The sluggish stream
Glinting in curves through the blanched
Meadow, the bramble's rough sheen
In the aging sun. And somewhere further back,
The swaying bull thistles empty their milky heads
Into the wind — a joy of unburdening
Like the luxury of speechlessness
And untroubled sleep.

NOVEMBRE, TARDO POMERIGGIO,
ADDORMENTANDOSI SU UNA SEDIA
CON UNA MANCIATA DI SEMI DI BASILICO
NELLA TASCA DELLA CAMICIA.

Per tutto il giorno lo strame di foglie
Ha insudiciato l'aria come un mucchio di mele marce.
Stravaccato nella mia sedia da lettura
Vicino alla finestra, con ancora il cappello in testa,
M'addormento e respiro lentamente
La pungente, ventilata fragranza dei semi di basilico
Che ho strappato dagli steli morti
Nel giardino.

E fuori, un forte vento
Spinge la tarda luce attraverso i campi di ramoscelli —
Steli arrugginiti di cicoria,
E pastinaca selvatica, filamenti d'ambra
Di verga d'oro e di laccio della regina Anna,
Fragile erba-pepe e spinoso crescione invernale —
La densa complessità
Dell'estate ridotta ad una semplicità
Di erbacce marroni.

Ora i giorni brevi fanno piacere
All'anima con una generosa solitudine,
E tutto è una semplicità
Che soddisfa — consistenza di corteccia e roccia,
Il pigro ruscello
Scintilla in meandri attraverso il pallido
Prato, la ruvida lucentezza del rovo
Nel sole che invecchia. E un poco più indietro,
Gli ondeggianti cardi spillano le loro teste di latte
Nel vento — una gioia di liberarsi
Come il lusso del silenzio
E del sonno tranquillo.

In the shriveled garden,
One soft gray tomato hangs from its stalk
Like a soggy weight, and the long
Shadow of the house deepens over the yard.
In the remaining light, the ripe scent
Of basil fills my sleep, and the crows
Call down the coldness
From the hills.

Nel giardino rinsecchito,
Un soffice pomodoro grigio penzola dal suo stelo
Come un peso inzuppato, e la lunga
Ombra della casa sprofonda nel cortile.
Nella luce che rimane, il profumo maturo
Del basilico riempie il mio sonno, e i corvi
Richiamano il freddo
Dalle colline.

A GENTLENESS

The pine cone my daughter
Hung on a string

Outside the porch
Two years ago

Swings this morning
In the freezing rain.

UNA DOLCEZZA

La pigna che mia figlia
Appese allo spago

Fuori in veranda
Due anni fa

Questa mattina oscilla
Nella gelida pioggia.

IN THE DARK

With his head
On my shoulder, my newborn son
Has fallen asleep. In the dark,
I hold him there, resting
My check on his forehead — a violinist
Who has put down his bow
And stands quietly overwhelmed
By his own music.

AL BUIO

Con la testa
Sulla mia spalla, mio figlio appena nato
Si è addormentato. Al buio,
Lo tengo lì, appoggiando
La guancia sulla sua fronte — un violinista
Che ha messo giù il suo arco
E rimane silenziosamente sopraffatto
Dalla sua stessa musica.

THE HERMIT'S SONG

Each day I walk
The road of my heart
Deeper into these
Green mountains; solitude

On solitude
Becoming, after years,
A humble, transparent
Faith. And sometimes

In the blurred heat,
When crackling wasps
Drift along the fragrant
Edges of honeysuckle,

I walk carrying
Two buckets of equal water
Fetched from the shore
Of the Blue River;

Walking until
The clear weight of each
Bucket is forgotten, the steady
Burden of heaviness

Gradually becoming
My own weight.

LA CANZONE DELL'EREMITA

Ogni giorno cammino per
La strada del mio cuore
Sempre più addentro a queste
Verdi montagne; solitudine

Su solitudine
Che diventa, dopo tanti anni,
Un'umile, trasparente
Fede. E a volte

Nell'annebbiato calore,
Quando le vespe crepitanti
Strusciano fra i fragranti
Margini del caprifoglio,

Cammino portando
Due secchi pari d'acqua
Presa dalla sponda
Del fiume Blu;

Camminando fin quando
Il distinto peso di ciascun
Secchio è dimenticato, il costante
Carico di pesantezza

Gradualmente diventa
Il mio proprio peso.

THE GREAT BELOVED

The sun consumes the morning.
First to surrender,
The dew is devoured silently
On the blade of grass.

At noon even eternity
Is swallowed by the immense flame
Of affection —
The rough tongue of the lion
Licking its prey.

Mute birds hide under shadows,
Defeated like Platonic ideals.

By evening
The slain are everywhere,
Twisted with throats ripped open;
The soft final light
Caresses like the touch of the satisfied
Lover.

Kissed and so consumed,
Each will awaken tomorrow
To be devoured again — the moist moon of dreams
For the great play of the Beloved.

IL GRANDE ADORATO

Il sole consuma la mattina.
Prima ad arrendersi,
La rugiada è silenziosamente divorata
Sul filo d'erba.

A mezzogiorno anche l'eternità
È inghiottita dall'enorme fiamma
Dell'affetto —
La ruvida lingua del leone
Che lecca la sua preda

Silenziosi uccelli si nascondono sotto le ombre,
Sconfitti come ideali platonici.

A sera
I caduti sono dappertutto,
Contorti, con le gole squarciate;
La delicata, ultima luce
Accarezza come il tocco dell'amante
Soddisfatto.

Baciato e consumato,
Ognuno si sveglierà domani
Per essere di nuovo divorato — l'umida luna dei sogni
Per il grande gioco dell'Adorato.

SUMMER LYRIC

In humid sunlight
A blotched clump
Of unattended roses

Mottled with rot
And beetle dung
While around the leafy

Green of the base
A white butterfly
Chisels seventeen

Momentary images
of itself on the air
Undisturbed by the

Rock music coming
Over the fence from
The neighbor's yard.

LIRICA D'ESTATE

All'umida luce del sole
Un mazzo macchiato
Di rose abbandonate

Variopinte dalla muffa
E dallo sterco di scarabeo
Mentre intorno alle verdi

Foglie della base
Una bianca farfalla
Scalpella nell'aria

Diciassette momentanee immagini
Di se stessa,
Indisturbata dalla

Musica rock che arriva
Da sopra il recinto
Del giardino del vicino.

Riker's Hill,
Near the Abandoned Radar Tower

Topped
with snow

the winter
weed

is sending out
a signal

no one
is hearing.

RIKER'S HILL,
VICINO ALLA TORRE RADAR ABBANDONATA

Coperta
di neve

l'erbaccia
d'inverno

emette
un segnale

che nessuno
ascolta.

LATE SUMMER ROSE

Battered head, gigantic,
staggering
from the heavy
close-packed
velvety petals — dog-
eared and chewed on
by beetles. A face
like a bulldog
or tattered
sunflower ready
to topple.

A scent drenches
the air: a fat,
old whore,
a softness still
desirable.

ROSA DI TARDA ESTATE

Testa ammaccata, gigante
vacillante
sotto il peso
dei fitti
petali vellutati — a forma
di orecchie di cane e mangiucchiati
dai coleotteri. Una faccia
come un bulldog
o come uno sbrindellato
girasole pronto
a cadere

Un odore inzuppa
l'aria: una grassa,
vecchia puttana,
una dolcezza ancora
desiderabile.

A Mother's Death

The backyard she loved;
The sickle moon tonight
Above the house.

★

As she sleeps,
Oven burn still healing
On her hand.

★

Fog on the glass —
My mother's last breath
In my hands.

★

All that pain.
Where does it go? Lourdes water
Left on the dresser.

★

A small dream
That never ends —
A mother's death.

★

Spring morning;
Wondering if we meet again ...
The butterfly's silent answer.

MORTE DI UNA MADRE

Il giardino che amava;
Una falce di luna stasera
Sopra la casa.

★

Mentre lei dorme,
La bruciatura da forno che ancora guarisce
Sulla sua mano.

★

Nebbia sul vetro —
L'ultimo sospiro di mia madre
Nelle mie mani.

★

Tutto quel dolore.
Dove va? L'acqua di Lourdes
Lasciata sul cassettone.

★

Un piccolo sogno
Che non finisce mai —
La morte di una madre.

★

Mattina primaverile;
Mi chiedo se ci incontreremo ancora …
La risposta silenziosa della farfalla.

A POEM FOR BREASTS

Their unclasped warmth …
Such flowers as only flesh
Can blossom forth.

Kissing these, we bow,
Surrendering our painful intricacy
To the shadowy earth —

This patient fragrance
Of breasts, where our homelessness
Finds us once again …

Curves of immaculate
Ripe moons, we weep at the softness
Of your inconsolable geometry —

Circles of compassionate fullness.

UNA POESIA PER I SENI

Il loro rilasciato calore …
Fiori che solo la carne
Può far fiorire.

Baciandoli, ci inchiniamo,
Abbandonando la nostra dolorosa complessità
Alla terra ombrosa —

Questa paziente fragranza
Di seni, dove il nostro essere senza dimora
Ci ritrova ancora una volta …

Curve d'immacolate
Lune mature, piangiamo alla dolcezza
Della vostra inconsolabile geometria —

Cerchi d'abbondante compassione.

MORNING: THREE SONGS

1.
A softness rules
in the way
the light holds things.

The deep grass
beaded

and mystical.

Here is the silence
even the gods
should bow to.

2.
Ripe heads
of goldenrod
sway on their

drowsy stalks. Just breathing

this sweetness
sets you free.

3.
The morning
steeped in dew.

The slug's landscape
that vanishes on an hour —

a watery shadow
that lingers
like the delicate
sheath of creation —

all that remains
of an old sea, a Cambrian frailty
left by the night.

MATTINA: TRE CANZONI

1.

Una dolcezza regola
il modo in cui
la luce tocca le cose.

L'erba profonda
imperlata

e mistica.

Ecco il silenzio
di fronte al quale anche gli dei
si devono inginocchiare.

2.

Teste mature
di verga d'oro
ondeggiano sui loro

steli sonnolenti. Il solo respirare

questa dolcezza
ti libera.

3.

La mattina
impregnata di rugiada.

L'umido paesaggio
della lumaca
che svanisce in un'ora —

un'ombra acquosa
che persiste
come la delicata
guaina della creazione —

tutto ciò che rimane
d'un vecchio mare, una fragilità cambriana
lasciata dalla notte.

SOME NIGHTS

Some nights I am seized by a panic.

A fear pushing out of my chest
Like a glistening flower. And I want to hide;
To bury my face in the soft legs
Of my wife, or faint in her kiss.

Out of this hole in my side,
I am leaving
Behind me a trail of my days.
And everything I touch with my hands
Breaks into flames.

And I feel inside me this falling;
Terrified, afraid to let go.
When to open my eyes is a shout.
And I hold my voice like a gun
In the dark and wait.

On these nights I sleep so deeply,
And dream of leaping over trees and houses.
Stunning dreams in which my mind,
Intense and powerful, by thought alone
Can move solid objects.

ALCUNE NOTTI

Alcune notti mi assale un panico.

Una paura che si spinge fuori dal mio petto
Come un fiore che luccica. Ed io voglio nascondermi;
Seppellire la mia faccia nelle dolci gambe
Di mia moglie, o svenire in un suo bacio.

Da questo buco nel mio fianco,
Lascio
Dietro di me le orme dei miei giorni.
E tutto quello che tocco con le mie mani
Esplode in fiamme.

E sento dentro di me questa caduta;
Terrorizzato, ho paura di lasciarmi andare.
Quando aprire gli occhi è un grido.
E trattengo la mia voce come una pistola
Nel buio e aspetto.

In queste notti dormo così profondamente,
E sogno di scavalcare in un balzo alberi e case.
Sogni sbalorditivi nei quali la mia mente,
Intensa e forte, con la sola forza del pensiero
Può smuovere solidi oggetti.

SHADOWS

Suddenly, in my life there are two children ...

I walk out
From a house of tears
And fevers.

In the cool night
I wipe my mouth with my sleeve
From my huge, year-long gulp of life.

The moonlight in my own backyard.
The moonlight in my own backyard.

And so clearly
On the wall of the house
The shadow of the tree
Cast in the autumn
Silence ...

This is the world
The Chinese worshipped,
Where the shadow is more real
Than its object. The Buddhist's
Dreamy world of the unreal real.

I watch my own shadow
Lean out across the cold grass;
One cricket squeaks
Faintly in the autumn dark
Like the last, tiny wheel
Of summer running down.

On the lit shade
Of the children's bedroom
I see the silhouette of my wife

OMBRE

Improvvisamente, nella mia vita ci sono due bambini …

Esco fuori
Da una casa di lacrime
E di febbri.

Nella notte fresca
Mi pulisco la bocca con la manica,
Ho bevuto un grande sorso di vita lungo un anno.

Il chiaro di luna è nel mio giardino.
Il chiaro di luna è nel mio giardino.

E così chiaramente
Sul muro di casa
L'ombra dell'albero
Proiettata nel silenzio
D'autunno …

Questo è il mondo
Che i Cinesi adoravano,
Dove l'ombra è più vera
Dell'oggetto reale. Il mondo
Dei sogni del buddista, l'irreale reale.

Osservo la mia ombra
Sporgersi attraverso l'erba fredda;
Un grillo cricchia
Debolmente nell'oscuro autunno
Come l'ultima, piccola ruota
Dell'estate che finisce.

Nell'ombra illuminata
Della stanza da letto dei bambini
Vedo la silhouette di mia moglie

Lifting one of the children,
The muffled crying reaching me
Through the closed window.

I pause a moment
Before going inside.
The real or the unreal,
Or is there a third choice?
I plunge back in. Outside,
The moon goes on
Throwing its light down
With such immaculate
Intensity.

Sollevare uno dei piccoli,
Il pianto smorzato che mi raggiunge
Attraverso la finestra chiusa.

Mi fermo un momento
Prima di entrare.
La realtà o l'irreale,
O c'è una terza scelta?
Mi rituffo dentro. Fuori,
La luna continua
A proiettare la sua luce
Con tale immacolata
Intensità.

EATING WILD BLACKBERRIES IN LENAPAHOKING

Ripe berries
dark purple and red
in sunlight:

the ripe ones
always at the farthest
tips of the branches
getting the first sun
to ripen early

— each body
a tight cluster
of berry fat
softening easily
in your mouth.

You have to
concentrate
with your eyes closed
to understand
this quiet flavor;

each berry chewed
slowly, thoughtfully
to let the slight
shades of sweetness
reach your heart;

like a memory
only your tongue can remember;
a distant taste
called "wilderness."

MANGIANDO MORE SELVATICHE A LENAPAHOKING

More mature
viola scuro e rosse
nella luce del sole:

quelle mature
sempre sulle più lontane
cime dei rami,
le prime a prendere il sole
le prime a maturare

— ogni gambo
un teso grappolo
di grasse more
che facilmente si sciolgono
nella tua bocca.

Ti devi
concentrare
ad occhi chiusi
per capire
questo dolce sapore;

ogni mora masticata
lentamente, con ponderazione
a far sì che le sottili
ombre di dolcezza
raggiungano il tuo cuore;

come una memoria
solo la tua lingua
può ricordare;
un sapore vago
chiamato "natura".

WRITTEN AFTER READING THE TANKA
OF TACHIBANA AKEMI

1.
Happiness is when
You come home from work
And something good is ready to eat
And after you eat you sit down
And take a long nap
And wake up the next morning
And it's Saturday.

2.
Happiness is when
You wake up early
And don't have to go to work
And the kids are asleep
And before you even eat
You've written a new poem.

3.
Happiness is when
You find yourself out of work
And just have enough money
So you don't have to worry
For a little while
And can really enjoy it.

4.
Happiness is when
You go into a book store
Not knowing what you are looking for
And walk right up
To the book you want and buy it
Without even thinking
About the money.

SCRITTO DOPO AVER LETTO IL TANKA
DI TACHIBANA AKEMI

1
Felicità è quando
Arrivi a casa dal lavoro
E qualcosa di buono è pronto in tavola
E dopo che hai mangiato ti stendi
E dormi a lungo
E ti svegli il mattino dopo
Ed è sabato.

2
Felicità è quando
Ti svegli al mattino presto
E non devi andare a lavorare
E i bambini dormono
E ancora prima di mangiare
Hai scritto una nuova poesia.

3
Felicità è quando
Ti ritrovi disoccupato
E hai giusto giusto abbastanza soldi
Per non preoccuparti
Per un po' di tempo
E te la puoi davvero godere.

4
Felicità è quando
Entri in una libreria
Senza sapere quello che stai cercando
E ti trovi di fronte
Al libro che volevi e lo compri
Senza nemmeno pensare
Al prezzo.

5.
Happiness is when
You buy a new car
And don't have to wash it
Or check the oil or tires
And you can drive it for two years
Without even thinking about it

6.
Happiness is when
You sit out on the back steps
And drink just enough wine
Or just enough beer
So you don't have to think
About anything unpleasant.

7.
Happiness is when
You don't have to go to work
And for three or four days
You can sit around at home
And not have to shave
Or even brush your teeth.

8.
Happiness is when
You go to work for a week
And have nothing to do
And it never catches up with you
And nobody notices
You sit at your desk
Revising poems.

9.
Happiness is when
There's no one at home
And you find an old girly magazine
And you go to bed
And jerk off with it in peace
And fall soundly asleep ...

5
Felicità è quando
Compri una macchina nuova
E non la devi lavare
O controllare l'olio o le gomme
E la puoi guidare per due anni
Senza nemmeno pensarci.

6
Felicità è quando
Ti siedi sugli scalini dietro la casa
E bevi abbastanza vino
O abbastanza birra
Così che non devi pensare
A nulla di spiacevole.

7
Felicità è quando
Non devi andare al lavoro
E per tre o quattro giorni
Puoi startene a casa
E non devi raderti la barba
E nemmeno lavarti i denti.

8
Felicità è quando
Vai al lavoro per una settimana
E non hai niente da fare
E il lavoro non ti cattura mai
E nessuno si accorge
Che ti siedi alla scrivania
Correggendo poesie.

9
Felicità è quando
Non c'è nessuno a casa
E trovi una vecchia rivista pornografica
E vai a letto
E ti spari una sega in pace
E cadi in un sonno profondo ...

10.
Happiness is when
On a cold winter Sunday
The snow flurries fall now and then
And you drink a little wine
To keep off the melancholy
And at evening sit down
With your wife and children
And eat a big dinner
Of garlic bread and spaghetti.

11.
Happiness is when
You stay home from work sick
And after everyone's gone
Crawl back into bed
And fall asleep slowly
With a drop of sunlight on your nose.

12.
Happiness is when
You don't feel a bit tired
And stay up all night
Puttering around the house
Like a friendly ghost.

10
Felicità è quando
In una fredda domenica d'inverno
I turbini di neve fioccano di tanto in tanto
E tu bevi un po' di vino
Per tener lontana la malinconia
E a sera ti siedi
Con tua moglie e i bambini
E fai una bella mangiata
Di bruschetta e di spaghetti.

11
Felicità è quando
Stai a casa malato dal lavoro
E quando tutti se ne sono andati
Ti trascini di nuovo a letto
E lentamente ti addormenti
Con una goccia di luce solare
Sul naso.

12
Felicità è quando
Non ti senti un po' stanco
E stai alzato tutta la notte
E vaghi in giro per la casa
Come un affabile fantasma.

SPRING EVENING: AFTER THE RAIN

Sunlight touches my arms
Reaching down with poles of light
Through new leaves

The sky
Is one wide hole into heaven.
The wind
Lifts traces of sweet earth
And pine.

This is the light that heals
Even desire. Whatever questions there are
Linger now on the air like the fragrance
of old wood. And there never was
Anything to know or want or dream of
Or understand.

This is the light that heals
Even desire. This is the true light
That can shine through a human
Hand. This is what it would be like
To live as a cell, high up
In one of those high rises there
In the green city
Of leaf blades.

SERA DI PRIMAVERA: DOPO LA PIOGGIA

Il sole mi tocca le braccia
Stendendo le sue aste di luce
Attraverso le foglie novelle

Il cielo
È come una larga breccia per il paradiso.
Il vento
Disperde le tracce di terra dolce
E di pino.

Questa è la luce che guarisce
Anche il desiderio. Qualunque domanda uno abbia
Ora vola nell'aria come fragranza
Di legno stagionato. E non c'è mai stato
niente da sapere o da volere o da sognare
o da capire.

Questa è la luce che guarisce
Anche il desiderio. Questa è la luce vera
Che può brillare attraverso una mano
D'uomo. Questo è ciò che sarebbe
Vivere come una cellula, lassù

In una di quelle torri là
Nella città verdeggiante
Di fili d'erba.

THE MAN WITH A BEER IN HIS HAND

I had just noticed him
as I drove past the old houses
along the river on my way home
from work. He was walking out
with a beer in his hand,
relaxing a moment probably after
a shower to wash off the grime
of his day's labor.

It was one of those clear
spring evenings, the tenderest green
showing on the trees and the grass
newly soft underfoot. I just caught
a glimpse of him as I passed by;
he was gazing out across the river
into the deep sunlight and wearing only
a sleeveless tee shirt, his hair still damp
from his shower. Perhaps the river
was giving off its first faint fragrances
of reed grass and mud.

He was walking straight
into the oncoming sunlight glaring off
the water, his house poised on the bend
of the river — a moment of deep
relaxing that lasts only an instant,

but it's enough to make poets
and visionaries of us all, the beer
in our hand, the bitter gold
of its taste.

And I knew what he was feeling —
when the self and our dissatisfactions
with life are forgotten.

L'UOMO CON UNA BIRRA IN MANO

L'avevo appena visto
mentre svoltavo davanti alle vecchie case
lungo il fiume tornando a casa
dal lavoro. Stava uscendo
con una birra in mano
rilassandosi per un momento probabilmente dopo
una doccia per pulire il sudiciume
di una giornata di lavoro.

Era una di quelle limpide
sere primaverili, il verde più tenero possibile
sugli alberi e nell'erba
nuovamente soffice sotto i piedi. L'avevo appena
intravisto mentre passavo;
lui guardava attraverso il fiume
nella profonda luce del sole e indossava solo
una maglietta senza maniche, i capelli ancora bagnati
dalla doccia. Forse il fiume
stava emanando le prime deboli fragranze
di canne e di fango.

Camminava dritto
nella luce del sole che gli andava incontro sfolgorando
dall'acqua, la sua casa sospesa sulla curva
del fiume — un momento di profondo
rilassamento che dura solo un istante

ma è abbastanza per fare di tutti noi poeti
e visionari, la birra
in mano, l'amaro oro
del suo sapore.

Sapevo che cosa provava —
quando si dimenticano
l'io e le insoddisfazioni della vita.

And the hard curve of his oversized gut
pressed tight against his tee shirt
as he stood facing the sun as it set
above the sluggish Passaic River,
just as I drove by on my way home from work,
and I was happy with him
to be going home too.

E la dura curva della sua grande pancia
stretta contro la sua maglietta
mentre fronteggiava il sole al tramonto
sopra il pigro fiume Passaic,
proprio mentre me ne tornavo a casa dal lavoro,
ed ero felice che anche lui
se ne andava verso casa.

AT THE COMPUTER COMPANY

All day, all day
The computer labors endlessly
Without tiring — a million
Calculations per second!

Outside, the flowering
Cherry, weakened from so much blooming,
Drops its cool petals along
The visitor's walkway.

ALLA DITTA DEI COMPUTER

Per tutto il giorno, tutto il giorno
Il computer lavora senza posa
Senza stancarsi mai — un milione
Di calcoli al secondo!

All'aperto, in fiore,
Il ciliegio, indebolito da così tanta fioritura,
Lascia cadere i suoi freschi petali sul
Vialetto dei visitatori.

THE FLESH OF SPRING

Oh soft!
Soft! Soft!
The fragrant
evidences

of spring!

The maple blossoms
in soft bunches
dangle from the rain-soaked trees —

the new leaves soft
as a woman's
thigh,

And in the rubble
of the old garden
the curly

young onion grass
still wet ...

Such a delicate

sweet scent is in the air!
The caress of it

like the soft
flowering hairs
between my wife's legs ...

Oh soft!
Soft! Soft!
The flesh of spring!

CARNE DI PRIMAVERA

Oh, soffici!
Soffici! Soffici!
Le fragranti
evidenze

della primavera!

L'acero fiorisce
in morbidi grappoli
che pendono dagli alberi inzuppati di pioggia —

le foglie novelle morbide
come la coscia
di una donna

E nelle macerie
del vecchio giardino
la ricciuta

giovane erba cipollina
ancora bagnata ...

Un così delicato
dolce aroma è nell'aria!
La sua carezza

come i morbidi
peli che fioriscono
tra le gambe di mia moglie ...

Oh soffice!
Soffice! Soffice!
La carne di primavera!

Here on this
hillside would I lie
on the rain —

soft earth
a lazy slug of a man
and have but these

damp meadows
and soft woods
for my happy kingdom.

Qui su questo
pendio vorrei coricarmi
sulla terra

ammorbidita dalla pioggia
una pigra lumaca d'uomo
e non avere altro che questi

umidi prati
e questi morbidi boschi
come mio felice regno.

THE RIVER

Standing at night near a river
It is a train without lights rushing past you.
A train no one can hear.
A train carrying the moon and stars.
A train you can ride if you close your eyes
And leap in front of it.

IL FIUME

In piedi di notte vicino a un fiume
È un treno senza luci che ti passa accanto.
Un treno che nessuno può sentire.
Un treno che trasporta la luna e le stelle.

Un treno che puoi prendere se chiudi gli occhi
E ci salti davanti.

WEEDS WORK QUIETLY

The weeds
are like saviors
God sends
to fill
the empty
spaces.
Here its variety
works true
wonder —
the variegated
shapes and colors
The large
and small flowers
Stalks bending
or stiff
The acrid deep
scents of pollen
and dusty
leaves.
The weed holds
down
the land, brings
insects and aerates the soil

for worms and
grubs of all kinds
Keeps the
rain in place

Breathes out the moist
air of growth
Feeds the birds
in winter
Gives us food
too.

LE ERBACCE LAVORANO IN SILENZIO

Le erbacce
sono come salvatori
inviati da Dio
per riempire
gli spazi
aperti.
Qui la Sua varietà
fa davvero
meraviglie —
le variegate
forme e i colori
I fiori grandi
e piccoli
Steli curvati
o rigidi
I profondi e acri
odori del polline
e di polverose
foglie.
L'erbaccia tiene
ferma
la terra, porta
insetti e

ossigena il terreno
per i vermi e
i bruchi di ogni tipo
Trattiene la pioggia

Espira l'aria umida
che dà vita
Dà da mangiare agli uccelli
d'inverno
Dà cibo anche
a noi.

But the weed
never takes
the credit
like all true
saviours it
works quietly
and does
its saving
of the world
unnoticed.

*Ma l'erbaccia
non prende mai
la gloria
come tutti i veri salvatori
lavora silenziosamente
e fa
il suo lavoro di salvare
il mondo
inosservata.*

A SONG FOR THE COMING WINTER

Bundled in my heavy
Jacket, sitting in the yard.
Overcast November afternoon.
For an instant the sun comes out;
I feel it warm my legs.
Then cloudy again, a chill.

Pretending not to see me,
The nimble mockingbird
Plucks a berry from the pasture rose,
Then another. I admire
In silence its surefooted dignity
Among the thorny branches.

Ah, the sun again.
And the air mildly scented
With broken twigs and stones.
Shadows are faint
In this light; dim streams of sun
Along branches and wood-tangle.

From the hilltop, crows caw
In the distance; the ridge
Lit softly, some red
Still left for the thin light
To pass through.
I listen carefully to my own breathing.

This peace is a gift
Of the cold. The sound of crows
As the sun fades.

UN CANZONE PER L'ARRIVO DELL'INVERNO

Avvolto nella mia pesante
Giacca, seduto nel giardino.
Un cupo pomeriggio di novembre.
Per un istante esce il sole;
Lo sento scaldarmi le gambe.
Poi di nuovo nuvoloso, un brivido di freddo.

Facendo finta di non vedermi,
L'agile tordo
Strappa una bacca dal cespuglio di rose,
E poi un'altra. Ammiro
In silenzio la sua dignità dal passo sicuro,
Fra i rami spinosi.

Ah, di nuovo il sole.
E l'aria appena profumata
Di ramoscelli e pietre.
Le ombre sono deboli
In questa luce; pallidi raggi di luce
Lungo i rami e il bosco fitto.

Dalla cima delle colline, le colline gracchiano
In distanza; la cresta
Appena illuminata, un po' di rosso
Rimasto appena per lasciar passare
La sottile luce.
Ascolto con attenzione il mio respiro.

Questa pace è un regalo
Del freddo. Il verso delle cornacchie
Mentre il sole svanisce.

BEFORE DAWN

Before dawn, the moon
stuck frozen on the sky;
on the high branches, a few
black leaves remain.

In the car,
waiting a moment before going to work,
I drink coffee huddled
in the minute, Franciscan warmth
of the strulling heater.

Frost crystals
flower on the windshield.

Under the remote blue chemistry
of winter stars,
this other loneliness
we must make our second home.

PRIMA DELL'ALBA

Prima dell'alba, la luna
è ghiacciata nel cielo;
sui rami alti, poche
foglie nere sono rimaste.

In macchina,
aspettando un momento prima di andare al lavoro,
bevo caffè raggomitolato
nel minuto calore francescano
del riscaldamento che lotta contro il freddo.

Cristalli di ghiaccio
fioriscono sul parabrezza.

Sotto la remota chimica blu
delle stelle invernali,
quest'altra solitudine
che dobbiamo rendere la nostra seconda casa.

WINTER SOLSTICE

There is a dark
that calls us to a deeper love
Than the kind face of the sun.

Turning to that dark,
We are nourished in our vast singleness
By a new silence —

A cold sacrament of winter stars,
Whose distances
As we look up
become our own.

SOLSTIZIO D'INVERNO

Esiste un buio
che ci richiama ad un amore più profondo
Della tenera faccia del sole.

Voltandosi verso quel buio
Siamo nutriti nella nostra larga unicità
Da un nuovo silenzio —

Un freddo giuramento di stelle invernali
Le cui distanze
Guardando in su
diventano le nostre.

PRAYER

Not words.
Not music.
Not human speech.

Let the rain
remove this sickness,
with its soft way
of instructing the skin;
And the early sunlight
red in the muddy corners
of the woods.

Not words.
Not music.
Not human speech.

Just the sun to touch me,
a warm wind carrying the scent
of earth. A prayer-wind
moving silently through the trees.

I watch the mockingbird
hop along the pasture rose
as it drinks the rain drops
clinging from the branches.

Not words.
Not music.
Not human speech.

I walk into the hills
like a man about to be baptized.
I visit the big rock
and rest there, feeling as if I have traveled

PREGHIERA

Non le parole.
Non la musica.
Non il linguaggio umano.

La pioggia può rimuovere
questa malattia
con il suo modo gentile
di istruire la pelle;
E anche la prima luce del sole
rossa negli angoli fangosi
dei boschi.

Non le parole
Non la musica.
Non il linguaggio umano.

Esser toccato solamente dal sole,
un vento caldo che porta l'odore
della terra. Un vento-preghiera
che si muove silenziosamente
fra gli alberi.

Il tordo
saltella lungo il cespuglio di rose
mentre beve gocce di pioggia
aggrappate ai rami.

Non le parole
Non la musica.
Non il linguaggio umano.

Cammino fra le colline
come un uomo che sta per essere battezzato.
visito l'enorme roccia
e là mi riposo; mi sento come se avessi viaggiato

thousands of miles; a volcanic rock
stained blue and green
with moss patches and colonies
of lichen.

The surface is cool,
covered with delicate tiny cracks
like the palm of an enormous,
ancient hand. A hand
belonging to some forgotten,
neglected god, waiting so long
to be remembered it's gradually
becoming stone again.

Closing my eyes,
I lay my check on the cool
open palm of the rock.
I wait for the healing.
The sun touching me
like a god. The strength
of the morning holding me
steady.

Not words.
Not music.
Not human speech.

I want to lean over
and gaze down into a deep stone well,
letting the moist darkness
heal me with its kiss.

Once I would have spread mud
on my body, painted my face, and chanted
these prayers to my redeemer.

Now I look up at the sky,
watch the clouds, listen to the sound
my feet make as I walk.

migliaia di miglia; una roccia vulcanica
macchiata di blu e di verde
con macchie di muschio e colonie
di lichene.

La superficie è fresca,
coperta da piccole, delicate crepe
come il palmo di una enorme,
antica mano. Una mano
che appartiene a un qualche dio negletto
e dimenticato, un dio che, aspettando così a lungo
di essere ricordato, è gradualmente
ridiventato pietra.

Chiudendo gli occhi,
appoggio la guancia sul freddo
palmo aperto della roccia.
Aspetto la mia guarigione.
Il sole mi tocca
come una divinità. La forza
della mattina mi mantiene
calmo.

Non le parole
Non la musica.
Non il linguaggio umano.

Voglio piegarmi
e guardare giù dentro un profondo pozzo di pietra,
lasciando che l'umida oscurità
mi guarisca col suo bacio.

Una volta mi sarei coperto il corpo
di fango, dipinta la faccia, avrei cantato
queste preghiere al mio salvatore.

Ora guardo in su verso il cielo,
osservo le nuvole, ascolto il rumore
dei miei piedi mentre cammino.

And I want to weep
in this quiet place, like a child
into the big rough hands
of its father.

Still, a rock
is a good place to begin,
if you're looking for a god
to talk to. And I know
somewhere in the grass
is the lost faith.

The faith of what is.

Where a gnat
lights

from a single blade
and makes

the whole sky

home.

E voglio piangere
in questo luogo di pace, come un bambino
nelle grandi e ruvide mani
di suo padre.

Tuttavia, una roccia
è un buon posto per cominciare,
se stai cercando un dio
a cui parlare. Ed io so
che da qualche parte nell'erba
c'è la perduta fede.

La fede di ciò che è.

Dove una zanzara
luccica

da un semplice filo
e fa

di tutto il cielo

una casa.

85

ABOUT THE AUTHOR

JOSEPH FRANCIS SALERNO (1947-1995) received his B.A. in English at Fairleigh Dickinson University where he edited the literary magazine titled, NOW. His graduate work was completed at the University of Michigan where he won the coveted Hopwood Award in the early 1970s. (Among other distinguished winners of the Hopwood Award are John Ciardi, X.J. Kennedy, and Arthur Miller.) At the University of Michigan, Salerno's mentors were Robert Hayden and Donald Hall. After he received his doctoral degree, Salerno taught for many years at the undergraduate level. He also worked as a technical writer on computers. He continued to write poetry and publish in such well-known magazines as *Wormwood Review* and *Yankee,* and in 1982, he received a Fellowship in Poetry from the New Jersey State Council for the Arts. Tragically, Joe Salerno died in 1995 at the age of 48 from lung cancer, leaving a widow and three college-age children, two of whom are writers themselves. Posthumous publications of two of Joe Salerno's books quickly followed his death. These were arranged for by his poet friends, particularly Sander Zulauf, professor of literature at the County College of Morris and editor *of The Journal of New Jersey Poets,* and Joe Weil, author of two collections of poetry, who set up The Joe Salerno Memorial Poetry Fund with the indespensable help of Skylands Writers & Artists Association. *Dream Paintings from the Heaven of Obscurity* appeared in 1997, and *Only Here,* with an afterword by the venerable and accomplished American poet, Donald Hall, in 1998, from Ars Poetica Press of Skylands Writers & Artists Association of New Jersey. The poems contained in *Song of the Tulip Tree* are selected by Joe Weil, with the help of Salerno's family, from Salerno's many sardonic and lyrical poems on nature.

ABOUT THE TRANSLATOR

EMANUAL DI PASQUALE has published poems in *American Poetry Review, Sewanee Review,* and many anthologies and textbooks. BOA Editions published a volume of his poems entitled *Genesis,* and *Silver Lake Poems* is forthcoming in the series *VIA FOLIOS,* from Bordighera Press.